Eux, c'est nous.

**LES ÉDITEURS JEUNESSE
AVEC LES RÉFUGIÉS**

Les éditeurs jeunesse avec les réfugiés :

ABC Melody Éditions, Actes Sud Junior, L'Agrume, Albin Michel Jeunesse, Amaterra, Bayard, Calligram, Cambourakis, Casterman, Coll.Libris Éditeurs en Pays de la Loire, DADA, Dargaud, Delcourt, Didier Jeunesse, Dupuis, L'école des loisirs, Les Éditions des Éléphants, Éditions Thierry Magnier, L'Élan vert, Flammarion, Fleurus Éditions, Les Fourmis Rouges, Frimousse, Gallimard Jeunesse, Glénat, Grasset Jeunesse, Hachette Jeunesse, Hachette Romans, Hatier Jeunesse, Hélium, HongFei Cultures, Kaléidoscope, Kanjil, Magnard, La maison est en carton, De La Martinière Jeunesse, Milan, Møtus, Nathan, Palette, La Palissade, Pastel, Père Castor-Flammarion, Les petites bulles éditions, Pocket Jeunesse, Rageot, Retz, Ricochet, Des ronds dans l'O, Le Rouergue Jeunesse, Rue du Monde, Sarbacane, Scrineo, Seuil Jeunesse, Syros, Talents Hauts, Usborne

© Daniel Pennac, 2015
© Serge Bloch, 2015, pour les illustrations
© Jessie Magana, 2015
© Carole Saturno, 2015
Loi n° 49-956 du 16 juillet 1949
sur les publications destinées à la jeunesse
ISBN : 978-2-07-059216-6
Numéro d'édition : 297020
Dépôt légal : novembre 2015
Imprimé en France

Eux, c'est nous.

L'instinct, le cœur et la raison
Un texte inédit de Daniel Pennac

Suivi de

Réfugiés en 8 lettres
De Jessie Magana et Carole Saturno

Illustrations
Serge Bloch

**LES ÉDITEURS JEUNESSE
AVEC LES RÉFUGIÉS**

L'INSTINCT, LE CŒUR ET LA RAISON

Si un homme, une femme, un enfant souffrent et que personne ne veut les secourir, vous entendrez tout. Toutes les excuses, toutes les justifications, toutes les bonnes raisons de ne pas leur tendre la main.

Dès qu'il s'agit de ne pas aider quelqu'un, on entend tout.

À commencer par le silence.

Si cet homme, cette femme ou cet enfant qui souffrent ne sont pas seuls à souffrir, s'il y a une guerre à nos portes, s'ils sont des milliers, des dizaines de milliers, des centaines de milliers, peut-être un million à nous demander de l'aide, nous ne pouvons pas ne pas en parler. Notre silence serait assourdissant.

Alors, voilà que nos politiques, nos journaux, nos télés, nos radios cherchent des mots. Et voilà qu'ils cherchent des images.

Ils doivent parler de victimes de guerre, n'est-ce pas ? D'hommes, de femmes, d'enfants, qu'on bombarde, qu'on fusille, qu'on torture, qu'on terrorise, qu'on affame, dont on a détruit les villes, dont on a brûlé les maisons, qui ont déjà perdu un père, un frère, des parents, des amis. Ils doivent parler de rescapés qui fuient sur des routes qui ne sont même plus des routes, pour sauver leurs vies qui ne sont presque plus des vies. Ce sont de ces gens-là que nous devons parler, n'est-ce pas ? De ces gens dont nous pourrions faire partie, qui pourraient être moi, toi, vous.

Nous.

Mais qui sont *eux*.

Et comment parlent-ils d'*eux*, presque tous nos politiques, presque tous nos journaux, presque toutes nos radios, presque toutes nos télés ? Et le Net lui aussi ! Quels mots choisissent-ils ? Quels mots répètent-ils du matin au soir, jour après jour, sans jamais en changer ?

    Ils parlent d'EXODE
    Ils parlent de MASSES
    Ils parlent de HORDES
    Ils parlent de DÉFERLEMENT
    Ils parlent de MULTITUDE
    Ils parlent d'INVASION
    Ils répètent inlassablement ces mots :
EXODE
  MASSES
    HORDES
      DÉFERLEMENT
        MULTITUDE
          INVASION

Ils montrent inlassablement les mêmes images : des images de foules. Des grappes humaines accrochées à des bateaux qui coulent, des foules parquées dans des camps qui ne peuvent pas les contenir, d'immenses colonnes de victimes jetées sur des routes jusqu'à l'horizon. Et pendant que nos yeux ne voient que ces images, nos oreilles n'entendent que ces mots :

EXODE
  MASSES
    HORDES
      DÉFERLEMENT
        MULTITUDE
          INVASION

Du coup, ce n'est plus l'homme qui souffre que nous voyons sur ces images, ni la femme ni l'enfant... Ce ne sont même plus des êtres humains, c'est un grouillement, un pullulement, un déferlement. Une effrayante menace. Avec ces phrases qui bourdonnent comme des guêpes autour de ces images :

« Nous ne pouvons pas accueillir tout le malheur du monde ! »

« Pas la même culture... »

« Pas la même religion... »

« Pas les mêmes coutumes... »

« Menace pour nos chômeurs... »

« Menace pour nos travailleurs... »

« Menace pour notre identité... »

Et, petit à petit, c'est comme si chacun de nous se sentait seul et menacé par cette « marée humaine » qui n'a plus rien d'humain. Tout à coup, c'est comme si ces gens qui ne sont plus des gens, qui sont *eux* et pas nous, étaient beaucoup plus nombreux que nous. Comme s'ils étaient la majorité et nous, la minorité menacée. Et nous voilà tentés de nous refermer sur notre peur, sur notre refus d'aider, sur notre silence.

STOP !

Débranchons-nous. Concentrons-nous. Écoutons un autre silence : celui dont nous avons besoin pour réfléchir un peu.

Et réfléchissons.

Un peu.

Combien sont-ils *en réalité,* l'homme, la femme, l'enfant qui fuient ces guerres et frappent à notre porte ?

Cinq cent mille ? Un million ? Deux ?

Combien sommes-nous, ici, en France ?

Soixante-six millions.

Soixante-six fois plus !

Soixante-six Français ne sont pas assez nombreux pour accueillir un ou deux hommes qui souffrent ?
Admettons.
Combien sommes-nous en Europe ?
508 millions.
Cinq cent huit Européens ne sont pas assez nombreux pour accueillir un ou deux hommes qui souffrent ?
Admettons.
Ajoutons 318 millions d'Américains, 146 millions de Russes, 36 millions de Canadiens, 23 millions d'Australiens, ajoutons 1 milliard et 26 millions d'Indiens, 1 autre milliard et 366 millions de Chinois...
Ajoutons le reste de l'humanité.

Nous voyons bien que ce n'est pas une question de nombre.

Mais de volonté.

Si nous voulons accueillir l'homme, la femme, l'enfant qui souffrent, nous le pouvons.

Seulement, dès que nous cessons d'y réfléchir, quelque chose nous en empêche. Quelque chose, en nous, ne le veut pas. Quelque chose ferme notre porte et notre cœur. Ce quelque chose, c'est notre vieille – et terriblement humaine – peur de l'autre. Notre vieille – et terriblement humaine – peur du changement. Notre vieil – et terriblement humain – instinct de conservation. Cet instinct n'est pas mauvais en lui-même. Il a bel et bien conservé notre espèce humaine tout au long de son histoire. Mais c'est un instinct; il faut le raisonner.

Bien. Raisonnons un peu.
Et pour cela, souvenons-nous.

Aujourd'hui, je suis vieux. C'est incroyable, je suis devenu un vieil homme ! La vie de mon père a passé, puis la mienne à son tour. Elles ont passé si vite, ces deux vies, que j'en suis tout surpris. J'ai l'impression que la mienne a duré dix minutes. Dix minutes qui ont couvert sept décennies ! Et je me souviens de toutes les fois où, pendant ces soixante-dix années, certaines voix, certaines images se sont adressées à mon instinct de conservation pour le dissuader d'accueillir l'*autre*. Nous en parlions souvent avec mon père. Dans sa jeunesse aussi, les mêmes voix cherchaient à fermer la porte à l'*autre*.

Qui était-il, cet *autre* ?

Un réfugié, déjà. Des dizaines de milliers, des centaines de milliers, des millions de réfugiés.
Qui venaient ici.
Chez nous.
En France.
Au début du vingtième siècle, sont venus des Juifs d'Europe centrale qui fuyaient les persécutions.

Puis, dans les années 1915, sont venus des Arméniens qui fuyaient les massacres turcs.

Puis, dans les années 1920, sont venus des Russes qui fuyaient leur révolution.

Puis, dans les années 1930, sont venus des Espagnols qui fuyaient le franquisme et la guerre, des Italiens du Sud et des Polonais qui fuyaient la misère.

Puis, dans les années 1950, les ont rejoints des Portugais.

Puis, dans les années 1960, les années de la décolonisation, sont venus des Algériens, des Tunisiens, des Marocains et des Africains de l'Afrique occidentale.

Puis, au milieu des années 1970, sont venus des Chiliens, des Argentins, des Brésiliens, des réfugiés d'Amérique latine qui fuyaient leurs dictatures.

Puis, dans les années 1980, après la guerre du Vietnam, sont venus des Vietnamiens, des Cambodgiens et aussi des Chinois qui commerçaient au Vietnam.

Puis, dans les années 1990, sont arrivées des victimes des guerres de l'ex-Yougoslavie.

J'en oublie, bien sûr : j'oublie les Grecs martyrisés par leurs colonels, les Libanais éparpillés par leurs guerres, les Kurdes chassés d'un peu partout, les affamés des grands pays désertiques...

Tous ces gens, nous les avons accueillis pourtant. En raisonnant notre instinct de conservation. En lui expliquant, par exemple, que l'autre peut devenir une aide à son tour, un soutien à son tour, un Français à son tour.

Et ce sont eux, tous ces réfugiés du vingtième siècle, jugés chaque fois trop nombreux, qui font, avec nous, la France d'aujourd'hui.

Comme les réfugiés d'aujourd'hui feront, avec nous, la France de demain.

Daniel Pennac

RÉFUGIÉS en 8 lettres

8 lettres pour 8 mots-clés qui expliquent les notions et les questions évoquées par la situation des réfugiés en France.

RÉFUGIÉ
ÉTRANGER
FRONTIÈRE
URGENCE
GUERRE
IMMIGRATION
ÉCONOMIE
SOLIDARITÉ

RÉFUGIÉ

LES PERSONNES QUI FUIENT ACTUELLEMENT LA SYRIE, L'AFGHANISTAN, L'ÉRYTHRÉE, LE NIGERIA, L'IRAK... SONT DES RÉFUGIÉS.

Dans le mot « réfugié » il y a le mot « fuir ». Un réfugié doit fuir son pays à cause de la guerre, ou parce qu'il est en danger ou persécuté du fait de ses opinions politiques, de sa religion, de son origine... Homme, femme ou enfant, il cherche un « refuge », une protection ailleurs, dans un autre pays. Ce statut de réfugié est réglementé par la convention de Genève de 1951, signée par la majorité des pays du monde. Quand la personne arrive, elle doit faire une « demande d'asile ». Le pays étudie son dossier et, s'il est accepté, le demandeur obtient le droit de vivre dans ce nouveau pays. Si la demande d'asile est rejetée, la personne n'obtient pas le statut de réfugié. Nombreux sont alors ceux qui décident de rester en Europe, sans papiers. Certains d'entre eux sont expulsés vers leur pays.
Quand la guerre est finie ou le gouvernement remplacé, le réfugié peut choisir de retourner dans son pays. Mais un État n'a pas le droit de le renvoyer chez lui s'il ne le souhaite pas.

ÉTRANGER

LES RÉFUGIÉS SONT DES ÉTRANGERS CAR ILS ONT UNE NATIONALITÉ AUTRE QUE FRANÇAISE : SYRIENNE, IRAKIENNE, AFGHANE, ETC.

Quand un réfugié arrive dans un pays d'accueil, il conserve sa nationalité. S'il décide de rester vivre en France, il peut faire une demande pour devenir français mais il n'en a pas l'obligation. Les mots « étranger » et « étrange » ont la même racine. L'étranger, c'est « celui qui vient du dehors, de l'extérieur ». Souvent, face à l'inconnu, les premiers réflexes sont la peur et le rejet qui nourrissent la xénophobie (l'hostilité à l'égard des étrangers) et le racisme. Pourtant, tout au long du XXe siècle, la France a accueilli des réfugiés de tous pays. Elle a également fait venir des étrangers quand elle manquait de travailleurs. La plupart d'entre eux sont restés, se sont intégrés, et leurs enfants sont devenus français. Aujourd'hui, un Français sur quatre est d'origine étrangère par ses grands-parents. Vivre ensemble, quelle que soit sa religion, son origine ou sa couleur de peau, c'est ce qui fonde la République.

FRONTIÈRE

UNE FRONTIÈRE EST LA LIMITE ENTRE DEUX PAYS. ELLE PEUT ÊTRE NATURELLE – LA MER, UNE CHAÎNE DE MONTAGNES – OU CRÉÉE DE TOUTES PIÈCES.

Les frontières sont gardées par des policiers et des douaniers qui contrôlent les papiers des personnes voulant entrer ou sortir. En Europe, 26 États ont ouvert leurs frontières entre eux et forment l'espace Schengen. À l'intérieur de cet espace, les personnes peuvent circuler librement. Mais quand on n'est pas citoyen européen, pour y entrer, il faut souvent un visa. Or les réfugiés, venant de pays en guerre, désorganisés ou les persécutant, n'ont pas pu obtenir de visas. Les États européens en donnent très peu. Les réfugiés sont donc forcés de passer les frontières illégalement.

Ils sont obligés de payer très cher des passeurs qui les font entrer clandestinement, embarqués dans des bateaux surpeuplés ou cachés dans des camions, prenant le risque de mourir noyés ou asphyxiés. Une fois arrivé dans un des pays de l'espace Schengen, le réfugié doit y déposer une demande d'asile. Il est libre de circuler où il le souhaite quand sa demande est acceptée.

URGENCE

LE NOMBRE DES RÉFUGIÉS EN EUROPE A FORTEMENT AUGMENTÉ : PLUS DE 430 000 POUR LES 6 PREMIERS MOIS DE 2015, CONTRE 240 000 POUR LA MÊME PÉRIODE EN 2014.

Depuis le début de l'année 2015, la Méditerranée s'est transformée en un véritable tombeau : plus de 3 000 hommes, femmes et enfants y ont perdu la vie en tentant une traversée. Face à cette urgence humanitaire, il a fallu réagir. Les associations ont été les premières à accueillir et à porter secours. Puis les pouvoirs publics ont débloqué des moyens financiers et matériels pour loger et aider au quotidien les réfugiés, mais ces moyens sont insuffisants. Alors qu'un réfugié a 21 jours maximum pour faire sa demande d'asile, l'OFPRA, l'organisme français qui traite cette demande, met en moyenne 200 jours pour y répondre. En attendant la réponse, la personne est placée dans un centre d'accueil mais il n'y a pas de place pour tout le monde. En 2014, seulement 28 % des réfugiés ont obtenu l'asile ; ce qui laisse au final bien des personnes, y compris des enfants, sans papiers et parfois sans hébergement. Elles vivent alors dans des conditions déplorables et risquent à tout moment d'être expulsées.

GUERRE

UN RÉFUGIÉ FUIT SOUVENT UNE DICTATURE OU UN PAYS EN GUERRE.

Les réfugiés doivent fuir des villes détruites par les bombes, où il n'y a plus ni maisons, ni écoles, ni travail. En 2015, il s'agit de guerres civiles : des combats entre personnes vivant dans le même pays. En Syrie, par exemple, les opposants au régime du dictateur Bachar El-Assad ont pris les armes pour tenter de le renverser en 2011 et luttent depuis contre son armée.
Il s'agit aussi d'échapper à des groupes qui terrorisent et massacrent les populations civiles pour imposer leur loi. C'est le cas de Daech (le groupe État islamique) en Syrie et en Irak mais aussi du groupe Boko Haram au Nigeria.
En Europe, pendant la Seconde Guerre mondiale, devant l'avancée des nazis, de nombreuses personnes ont quitté leur domicile et se sont réfugiées dans le Sud de la France ou à l'étranger. Cet exode a concerné 8 à 10 millions de personnes.

QUAND **QUELQ'UN QUITTE SON PAYS** POUR ALLER S'INSTALLER AILLEURS, ON DIT QU'IL MIGRE, **C'EST UN MIGRANT.**

Il est à la fois émigré pour son pays d'origine et immigré pour le pays d'arrivée. Les étrangers immigrés, quand ils ont obtenu des papiers (carte de séjour d'un an, voire plus), peuvent se déplacer dans l'espace Schengen, retourner dans leur pays et revenir en France.
Ils ont des droits et aussi des devoirs, comme celui de respecter les lois du pays où ils vivent.
Depuis 2004, 200 000 immigrés sont arrivés en France par an, ce qui correspond à 0,3 % de la population française, contre 0,6 % ailleurs en Europe ou au Canada et aux États-Unis.
Et c'est de 20 % à 50 % des immigrés qui repartent dans les cinq ans suivant leur arrivée. On oppose parfois les migrants qui quittent leur pays parce qu'ils n'ont ni travail ni avenir aux réfugiés contraints de partir à cause des violences mettant leur vie en danger. Mais n'est-il pas aussi humain de fuir la misère que la violence ?

TION

DE NOMBREUSES ÉTUDES DÉMONTRENT QUE LES ÉTRANGERS RAPPORTENT PLUS À L'ÉTAT FRANÇAIS QU'ILS NE LUI COÛTENT.

Dès que les étrangers travaillent, ils paient des cotisations, des impôts, parfois même sans bénéficier des prestations sociales (quand ils sont sans papiers par exemple mais qu'ils obtiennent un travail déclaré). Ils contribuent ainsi à notre système de santé, de retraite, d'éducation et à la vie économique du pays. Les immigrés et les réfugiés acceptent des emplois peu qualifiés, pénibles et souvent sous-payés (dans le bâtiment, la restauration, l'agriculture, le nettoyage, la sécurité ou l'aide à la personne), dont les Français ne veulent pas toujours. Ils sont des consommateurs et des entrepreneurs dont l'activité crée des emplois. Ils enrichissent aussi notre pays de leur apport à la diversité culturelle.

ÉCONOMIE

SOLIDARITÉ

ÊTRE SOLIDAIRE, C'EST AGIR POUR LES AUTRES, POUR CEUX QUI ONT BESOIN DE NOTRE AIDE.

Chacun peut s'engager, être bénévole, proposer sa participation dans de nombreuses associations. Les dons financiers sont aussi utiles parce que les besoins sont immenses : vêtements, nourriture, produits d'hygiène, médicaments, conseils juridiques…
Être solidaire, c'est aussi demander que la France, un des six pays les plus riches du monde, soit active dans cette solidarité, en ouvrant généreusement ses portes et en accompagnant chaque réfugié accueilli dans le respect de ses droits.

C'est, enfin, en parler autour de soi pour que les Français et les Européens soient de plus en plus nombreux à s'ouvrir aux autres, sans craindre pour leur propre économie. Si l'on connaît l'histoire de notre pays qui s'est depuis toujours construit avec des migrations, on est convaincu que ces arrivées deviendront une chance supplémentaire pour nous tous.

Les éditeurs jeunesse avec les réfugiés remercient toutes celles et tous ceux qui ont offert leur travail, leur temps, leur talent… Les auteurs, Daniel Pennac, Serge Bloch, Jessie Magana, Carole Saturno, les éditeurs, les maquettistes, la correctrice, les attachées de presse, les supports qui ont offert de l'espace publicitaire, l'imprimeur, le diffuseur, le distributeur, le Salon du livre et de la presse jeunesse en Seine-Saint-Denis et, enfin, les libraires.

Les droits des auteurs et les bénéfices de la vente de l'ouvrage seront intégralement reversés à La Cimade.

Créée en 1939 pour venir en aide aux personnes déplacées par la guerre, La Cimade agit depuis pour l'accueil et la défense des étrangers et des demandeurs d'asile en France.

La Cimade a pour but de manifester une solidarité active avec les personnes opprimées et exploitées. Elle défend la dignité et les droits des personnes réfugiées et migrantes, quelles que soient leurs origines, leurs opinions politiques ou leurs convictions. Elle lutte contre toute forme de discrimination et, en particulier, contre la xénophobie et le racisme.

Elle s'appuie sur un réseau de 2 000 bénévoles organisés dans 13 régions en 85 groupes locaux, 131 permanences juridiques. Elle héberge des demandeurs d'asile et des réfugiés dans ses centres de Massy et de Béziers. Elle agit auprès des étrangers enfermés en centre de rétention administrative et en prison.

En 2014, La Cimade a conseillé et accompagné 100 000 personnes dans la défense de leurs droits.

Pour découvrir les actions et campagnes de La Cimade, agir ou faire un don : www.lacimade.org

La Cimade
L'humanité passe par l'autre